CAKE-POPS

Kuchenpralinen am Stiel

W0270283

Autorin: Christa Schmedes | Fotos: EISING STUDIO | FOOD PHOTO & VIDEO

DIE GU-QUALITÄTS-GARANTIE

Wir möchten Ihnen mit den Informationen und Anregungen in diesem Buch das Leben erleichtern und Sie inspirieren, Neues auszuprobieren. Bei jedem unserer Bücher achten wir auf Aktualität und stellen höchste Ansprüche an Inhalt, Optik und Ausstattung. Alle Rezepte und Informationen werden von unseren Autoren gewissenhaft erstellt und von unseren Redakteuren sorgfältig ausgewählt und mehrfach geprüft. Deshalb bieten wir Ihnen eine 100 %ige Qualitätsgarantie.

Darauf können Sie sich verlassen:
Wir legen Wert darauf, dass unsere Kochbücher zuverlässig und inspirierend zugleich sind.
Wir garantieren:

- dreifach getestete Rezepte
- sicheres Gelingen durch Schritt-für-Schritt-Anleitungen und viele nützliche Tipps
- eine authentische Rezept-Fotografie

Wir möchten für Sie immer besser werden:
Sollten wir mit diesem Buch Ihre Erwartungen nicht erfüllen, lassen Sie es uns bitte wissen! Nehmen Sie einfach Kontakt zu unserem Leserservice auf. Sie erhalten von uns kostenlos einen Ratgeber zum gleichen oder ähnlichen Thema. Die Kontaktdaten unseres Leserservice finden Sie am Ende dieses Buches.

GRÄFE UND UNZER VERLAG
Der erste Ratgeberverlag – seit 1722.

KV

INHALT

TIPPS UND EXTRAS

8 SCHNELL UND EINFACH

CAKE-POP-BASICS

Sie wollen gleich loslegen, wissen aber nicht genau wie? Hier sind meine Grundrezepte für alle Cake-Pop-Varianten – ob gebacken, geformt oder ausgestochen.

WAS SIND CAKE-POPS EIGENTLICH?

Der Trend schwappte aus England und den USA zu uns – und innerhalb kürzester Zeit waren Cake-Pops auch hierzulande in aller Munde. Die kleinen, kugelrunden Kuchenbällchen am Stiel haben die Herzen von Kindern und Erwachsenen im Sturm erobert. Kein Wunder: Man kann sie für jeden Anlass und jeden Geschmack immer wieder neu kreieren.

WIE KOMMEN DIE CAKE-POPS IN FORM?

Flexible Cake-Pop-Backformen gibt es in gut sortierten Haushaltswarengeschäften zu kaufen. Sie sind in unterschiedlichen Größen, z. B. für 16, 18 oder 20 Cake-Pops, erhältlich.

GRUNDREZEPT FÜR 16 CAKE-POPS

Den Backofen auf 180° vorheizen. 30 g Butter zerlassen. 1 Ei (Größe M), 1 EL Naturjoghurt, 50 g Zucker, 1 Pck. Vanillezucker und 1 Prise Salz mit dem Handrührgerät in ca. 5 Min. weißschaumig rühren. 75 g Mehl mit ¼ TL Backpulver mischen und in den Eischaum rühren. Zuletzt die flüssige Butter unterrühren. Den unteren Teil der Backform auf ein Backblech stellen, den Teig mit zwei Teelöffeln in die Mulden füllen und die Form mit dem Deckel verschließen. Den Teig im Ofen (Mitte) in ca. 20 Min. goldbraun backen. Die Form herausnehmen und 5 Min. abkühlen lassen. Dann den Deckel abnehmen und die Cake-Pops aus den Mulden drücken.

GRUNDREZEPT FÜR 18 CAKE-POPS

Wer eine große Cake-Pop-Backform besitzt, kann mit diesem Rezept gleich 18 Stück backen. Dafür 60 g Butter zerlassen. 1 Ei (Größe M) mit 60 g Zucker, 1 Pck. Vanillezucker und 1 Prise Salz weißschaumig rühren. 80 g Mehl mit ¼ TL Backpulver mischen und unterheben. Die flüssige Butter unterrühren. Den Teig in die Mulden füllen und wie im Rezept für 16 Stück angegeben backen.

FÜR DEN ELEKTRISCHEN CAKE-POP-MAKER
Mit diesem praktischen Gerät kann man 12 Cake-Pops auf einmal backen. Hier empfiehlt es sich, gleich die doppelte Menge Teig zuzubereiten. Für 24 Stück: 100 g Butter zerlassen. 1 Ei (Größe M) mit 1 EL Milch, 100 g Zucker, 1 Pck. Vanillezucker und 1 Prise Salz cremig rühren. 100 g Mehl mit ¼ TL Backpulver mischen und unterheben. Die flüssige Butter unterrühren. Elektrischen Cake-Pop-Maker erhitzen. Die Hälfte des Teigs in die Mulden füllen und die Cake-Pops in 12 – 15 Min. goldbraun backen, dann herausnehmen. Den restlichen Teig ebenso backen.

... ODER GANZ OHNE BACKEN
Heute keine Lust auf Backen? Dann probieren Sie doch mal mein Lieblingsrezept für selbst geformte Cake-Pops: Für 20 Stück 200 g Löffelbiskuits in der Küchenmaschine zerkleinern oder in einen Gefrierbeutel geben, verschließen und die Biskuits mit dem Nudelholz fein zerbröseln. 50 g weiche Butter mit 75 g Puderzucker, 1 Pck. Vanillezucker und 150 g Doppelrahm-Frischkäse verrühren. Biskuitbrösel zugeben und alles zu einem formbaren Teig verkneten. Aus dem Teig 20 Bällchen formen, auf eine Platte oder einen Teller legen und mindestens 30 Min. in den Kühlschrank stellen.

CAKE-POP-FIGUREN
Sie können aus der Cake-Pop-Masse auch Figuren formen oder mit einer Ausstechform Figuren ausstechen. Wenn Sie für ein bestimmtes Motiv keine passende Ausstechform zur Hand haben, hilft Ihnen eine selbst gefertigte Schablone. Dafür das gewünschte Motiv auf festes Papier aufzeichnen und ausschneiden. Die Schablone auf die vorbereitete und ausgerollte Teigmasse legen und mit einem Messer ausschneiden.

AUFBEWAHREN UND TRANSPORTIEREN
Cake-Pops sind das ideale Mitbringsel für jede Party! Stellen Sie die Cake-Pops am Vortag fertig und bewahren Sie sie – fertig verziert – bis zum Servieren im Kühlschrank auf. Hier halten sie sich 3 Tage frisch. Und damit beim Transport nichts abplatzt oder zerbricht, die Cake-Pops in eine große Plätzchendose legen und mit Küchenpapier auspolstern. Mein Tipp: Zum Verschenken verpacke ich die Cake-Pops einzeln in Zellophantütchen, die ich je nach Anlass hübsch verziere.

JETZT GEHT'S AN DIE DEKO

150 g Kuvertüre (Zartbitter, Vollmilch oder weiß) oder Candy-Melts | 20 g Kokosfett | 16 Cake-Pop-Stiele oder Holzstäbchen | 16 unglasierte Cake-Pops | Zuckerdekor (z.B. Streusel oder Perlen)

Für 16 Stück | 20 Min. Zubereitung | 15 Min. Kühlen

1 Kuvertüre hacken (Candy-Melts müssen nicht zerkleinert werden) und mit Kokosfett in eine Schüssel geben. Kleine Mengen in eine Tasse füllen.

2 In einem Topf Wasser erhitzen. Die Tasse kann direkt in das (nicht zu heiße) Wasser gestellt werden, die Schüssel wird über den Wasserdampf gehängt.

3 Einen Cake-Pop-Stiel in die geschmolzene Kuvertüre tauchen, dann 1 cm tief in einen Cake-Pop stecken. So rutschen die Pops nicht vom Stiel. 15 Min. kühlen.

4 Einen Cake-Pop am Stiel fassen, in die Kuvertüre tauchen und wieder herausziehen. Den Überschuss abtropfen lassen, damit die Deko später gut hält.

5 Den glasierten Cake-Pop sofort mit der Deko verzieren, sonst wird die Kuvertüre fest. Kleine Details platziert man am besten mit einer Pinzette.

TIPP

Für kreatives Backzubehör und ausgefallenes Dekomaterial stöbere ich am liebsten im Web. Unter dem Suchbegriff »Cake-Pops Zubehör« finden Sie dort auch Rollfondant, Zuckeraugen oder Candy-Melts. Vieles bekommen Sie aber auch in einer gut sortierten Backwarenabteilung im Kaufhaus oder Supermarkt.

DIE PERFEKTE GLASUR

Der Cake-Pop ist gebacken oder geformt – aber noch ist er nackt! Erst die knackig zarte Hülle aus Kuvertüre oder Candy-Melts macht den Kuchenmini zum Highlight. Mit folgenden Tipps und Tricks werden Ihre Cake-Pops besonders schön.

AUF DIE STIELE, FERTIG, LOS!
Cake-Pop-Stiele aus Papier oder Kunststoff gibt es in verschiedenen Längen in gut sortierten Haushaltswarengeschäften. Perfekt eignen sich auch etwas dickere Holzstäbchen oder Fingerfoodspieße die Sie in verschiedenen Längen in jedem Supermarkt oder Kaufhaus bekommen.

IM TROCKENDOCK
Für die Trockenstation eignet sich am besten eine nicht zu dünne Styroporplatte. Wenn Sie die Cake-Pops darin steckend servieren möchten, überziehen Sie sie am besten vorher mit Alufolie oder Geschenkpapier. Blumensteckmasse (Blumenbedarf) oder eine Schuhschachtel sind ebenfalls geeignet. Bohren Sie in den Deckel der Schuhschachtel mit genügend Abstand kleine Löcher, damit die Cake-Pop-Stiele Halt haben und nicht wackeln.

GEKONNT SCHMELZEN
Wundern Sie sich ab und zu, dass Ihr Schokoüberzug grau und stumpf ist? Damit die Kuvertüre wirklich perfekt glänzt und schön knackig wird, helfen folgende Tricks: Die Kuvertüre unter Rühren schmelzen lassen und dabei vermeiden, dass Wassertröpfchen hineingelangen, denn selbst winzige Mengen Wasser lassen Schokolade oder Kuvertüre klumpig werden. Übrigens: Wird die Kuvertüre beim Schmelzen zu heiß, verliert sie ebenfalls ihren Glanz – durch das sanfte Erwärmen über dem Wasserbad bleibt die Temperatur im grünen Bereich und das Ergebnis wird perfekt.

KNACKIG UMHÜLLT
Die Cake-Pops einzeln in die geschmolzene Kuvertüre tauchen, bis sie rundum damit überzogen sind. Dann zügig aus der Kuvertüre ziehen, dabei aber nicht zu ruckartig bewegen, damit sich der Stiel nicht löst. Um die überschüssige Glasur abtropfen zu lassen, den Stiel langsam drehen und dabei mit der freien Hand ganz zart auf die Hand klopfen, mit der Sie den Cake-Pop festhalten. Den Cake-Pop dann in den vorbereiteten Halter stecken. Den Halter mit den fertig verzierten Pops kühl stellen, bis der Überzug fest ist.

SCHNELL UND EINFACH

Endlose Deko-Arien und ausgefallene Zutaten sind nicht Ihr Ding? Hier sind meine Lieblingsrezepte für alle, die erst mal ein wenig einfacher starten wollen. Aber auch diese Cake-Pops sind schon echte Prachtstücke!

KONFETTI-POPS

Diese regenbogenfarbenen Cake-Pops sind echte Gute-Laune-Stifter! Und beim Bestreuen mit Konfetti-Streuseln helfen bestimmt auch die Kinder begeistert mit.

30 g Butter
1 Ei (Größe M)
50 g Zucker
1 Pck. Vanillezucker
1 Prise Salz
90 g Mehl
¼ TL Backpulver
1 EL Naturjoghurt

Für die Deko:

25 g weiße Kuvertüre
2 EL Milch
200 g Puderzucker
einige Tropfen Lebensmittelfarbe (rot, gelb, grün)
Dekor-Konfetti

Außerdem:

flexible Cake-Pop-Backform für 16 Stück
16 Cake-Pop-Stiele oder Holzstäbchen

Kunterbunt

Für 16 Stück | 1 Std. 15 Min. Zubereitung | 20 Min. Backen | 20 Min. Kühlen
Pro Stück ca. 123 kcal, 1 g EW, 3 g F, 22 g KH

1 Backofen auf 180° vorheizen. Butter zerlassen. Ei, Zucker, Vanillezucker und Salz mit dem Handrührgerät in ca. 5 Min. weißschaumig rühren. Mehl mit Backpulver mischen und einrühren. Die flüssige Butter und den Joghurt gut unterrühren. Den unteren Teil der Backform auf ein Backblech stellen, den Teig mit zwei Teelöffeln in die Mulden füllen und die Form mit dem Deckel verschließen. Den Teig im Ofen (Mitte) ca. 20 Min. backen. Die Form herausnehmen und 5 Min. abkühlen lassen. Dann den Deckel abnehmen und die Cake-Pops aus den Mulden drücken.

2 Für die Deko die Kuvertüre hacken und in einer Tasse im heißen Wasserbad schmelzen lassen. Cake-Pop-Stiele 1 cm tief eintauchen, in die Cake-Pops stecken und diese 15 Min. kühlen.

3 Milch leicht erwärmen, mit dem Puderzucker zu einer dickflüssigen Glasur verrühren und diese dritteln. Eine Portion mit einigen Tropfen roter, die zweite mit einigen Tropfen gelber und die dritte mit einigen Tropfen grüner Lebensmittelfarbe verrühren. Die Cake-Pops einzeln in je eine Glasur tauchen und den Überschuss durch Drehen der Stiele abtropfen lassen. Mit Dekor-Konfetti bestreuen und trocknen lassen.

TIPP

Besonders gut deckt eine Eiweißglasur. Dazu 1 ganz frisches Eiweiß halbsteif schlagen, 200 g Puderzucker und 1 TL Zitronensaft nach und nach einrühren, bis eine dicke, glänzende Glasur entsteht. Die Cake-Pops einzeln hineintauchen und den Überschuss abtropfen lassen. Mit bunten Zuckerstreuseln bestreuen und trocknen lassen.

1

BLACK-AND-WHITE-POPS

30 g Butter | 1 Ei (Größe M) | 50 g Zucker | 1 TL Vanillezucker | 1 Prise Salz | 2 TL Kakaopulver | 50 g gemahlene Mandeln | 50 g Mehl | ¼ TL Backpulver | 125 g Zartbitterkuvertüre | 100 g weiße Kuvertüre | flexible Cake-Pop-Backform für 16 Stück | 16 Cake-Pop-Stiele oder Holzstäbchen

Elegante Schokostückchen

Für 16 Stück | 1 Std. 15 Min. Zubereitung | 20 Min. Backen | 20 Min. Kühlen
Pro Stück ca. 140 kcal, 2 g EW, 9 g F, 13 g KH

1 Den Backofen auf 180° vorheizen. Butter zerlassen. Ei, Zucker, Vanillezucker und Salz weißschaumig rühren. Kakao mit Mandeln, Mehl und Backpulver mischen und einrühren. Die flüssige Butter unterrühren. Den unteren Teil der Backform auf ein Backblech stellen, den Teig mit zwei Teelöffeln in die Mulden füllen und mit dem Deckel verschließen. Im Ofen (Mitte) ca. 20 Min. backen. Herausnehmen, 5 Min. abkühlen lassen, Deckel abnehmen und die Cake-Pops aus den Mulden drücken.

2 Für die Deko Zartbitterkuvertüre hacken und über dem heißen Wasserbad schmelzen lassen. Cake-Pop-Stiele 1 cm tief eintauchen, in die Cake-Pops stecken und diese 15 Min. kühlen.

3 Weiße Kuvertüre hacken und im heißen Wasserbad schmelzen lassen. Je 8 Cake-Pops mit weißer und dunkler Kuvertüre überziehen und den Überschuss durch Drehen der Stiele abtropfen lassen. Übrige Kuvertüre getrennt in kleine Gefrierbeutel füllen und je ein kleines Loch einstechen. Die dunklen Cake-Pops mit hellen, die hellen mit dunklen Linien verzieren. Trocknen lassen.

KOKOS-CAKE-POPS

30 g Butter | 1 Ei (Größe M) | 50 g Puderzucker | 1 Prise Salz | 1 TL weißer Rum (nach Belieben) | 75 g Kokosraspel | 2 TL Speisestärke | ¼ TL Backpulver | 200 g weiße Kuvertüre | 20 g Kokosfett | 2 EL Kokosraspel | flexible Cake-Pop-Backform für 16 Stück | 16 Papierförmchen für Pralinen | 16 Keks-Sticks mit weißer Schokolade

Karibischer Genuss

Für 16 Stück | 50 Min. Zubereitung | 20 Min. Backen
Pro Stück ca. 165 kcal, 2 g EW, 12 g F, 12 g KH

1 Den Backofen auf 180° vorheizen. Butter zerlassen. Ei, Puderzucker, Salz und nach Belieben Rum mit dem Handrührgerät in ca. 5 Min. weißschaumig rühren. Kokosraspel mit Speisestärke und Backpulver mischen und unterheben, die flüssige Butter gut einrühren. Den unteren Teil der Backform auf ein Backblech stellen, den Teig mit zwei Teelöffeln in die Mulden füllen und die Form mit dem Deckel verschließen. Den Teig im Ofen (Mitte) ca. 20 Min. backen. Die Form herausnehmen und 5 Min. abkühlen lassen. Dann den Deckel abnehmen und die Cake-Pops aus den Mulden drücken.

2 Für die Deko die Kuvertüre hacken und mit dem Kokosfett in einer Schüssel über dem heißen Wasserbad schmelzen lassen. Die Cake-Pops einzeln damit überziehen, sofort mit den Kokosraspeln bestreuen und kurz trocknen lassen. Dann in die Pralinenförmchen setzen und jeweils 1 Keks-Stick hineinstecken.

CAKE-POP-HERZEN

Das kommt von Herzen! Saftiger Biskuit wird ausgestochen und bekommt mit rotem Guss und Glitzer den letzten Schliff. Schön verpackt sind diese Cake-Pops ein süßes Mitbringsel.

50 g Butter
3 Eier (Größe M)
90 g Zucker | 90 g Mehl
100 g Aprikosenkonfitüre
1 EL Zitronensaft
Für die Deko:
200 g rote Candy-Melts
20 g Kokosfett
roter Glitzerzucker
Außerdem:
Herz-Ausstechform (4 – 5 cm)
20 Cake-Pop-Stiele oder
Holzstäbchen

Macht was her

Für 20 Stück |
45 Min. Zubereitung |
20 Min. Backen |
20 Min. Kühlen
Pro Stück ca. 140 kcal,
2 g EW, 7 g F, 18 g KH

1 Den Backofen auf 180° vorheizen, ein Backblech mit Backpapier belegen. Butter zerlassen. Eier mit Zucker mit dem Handrührgerät weißschaumig rühren. Das Mehl darübersieben, locker unterheben und die flüssige Butter unterziehen. Den Teig auf dem Blech glatt streichen und im Ofen (Mitte) ca. 20 Min. backen. Herausnehmen, den Biskuit auf die Arbeitsfläche stürzen und 5 Min. abkühlen lassen. Dann das Papier abziehen.

2 Aprikosenkonfitüre erwärmen, durch ein Sieb streichen und mit Zitronensaft verrühren. Den Biskuit damit bestreichen und trocknen lassen. Danach 20 Herzen ausstechen.

3 Für die Deko die Candy-Melts mit Kokosfett in einer Schüssel über dem heißen Wasserbad schmelzen lassen. Cake-Pop-Stiele 1 cm tief in die Glasur tauchen, in die Spitze der Herzen stecken und diese 15 Min. kühlen.

4 Die Herzen einzeln in die geschmolzenen Candy-Melts tauchen und den Überschuss durch Drehen der Stiele abtropfen lassen. Die Cake-Pops mit Glitzerzucker bestreuen und trocknen lassen. Zum Verschenken die Herzen in kleine Zellophantüten verpacken.

VARIANTE

Den Biskuit wie beschrieben backen und abkühlen lassen, dann fein zerkrümeln. 150 g Sahne steif schlagen. 150 g Doppelrahm-Frischkäse mit 75 g Puderzucker, 50 g geschälten, gemahlenen Mandeln und 1 Pck. Vanillezucker glatt rühren. Die Schlagsahne unterheben und die Biskuitbrösel gut untermischen. Die Masse zwischen Frischhaltefolie 2 – 3 cm dick ausrollen, Herzen ausstechen und 30 Min. kühlen. Währenddessen 200 g Candy-Melts (rot oder rosa) mit 20 g Kokosfett über dem heißen Wasserbad schmelzen lassen. Cake-Pop-Stiele 1 cm tief in die Glasur tauchen, in die Herzen stecken und diese nochmals 15 Min. kühlen. Die Herzen dann einzeln in die geschmolzenen Candy-Melts tauchen und den Überschuss unter Drehen der Stiele abtropfen lassen. Noch feucht nach Belieben mit Zuckerblümchen, Zuckerstreuseln oder Glitzerzucker verzieren und trocknen lassen.

MARMOR-CAKE-POPS

40 g weiche Butter | 60 g Zucker | 1 Prise Salz | 1 Ei (Größe M) | 1 TL Rum (nach Belieben) | 90 g Mehl | 1/4 TL Backpulver | 1 TL Nussnugatcreme | 75 g Zartbitterkuvertüre | 10 g Kokosfett | flexible Cake-Pop-Backform für 16 Stück | 16 Cake-Pop-Stiele oder Holzstäbchen

Klassiker en miniature

Für 16 Stück | 25 Min. Zubereitung | 20 Min. Backen | 20 Min. Kühlen
Pro Stück ca. 90 kcal, 1 g EW, 5 g F, 10 g KH

1 Backofen auf 180° vorheizen. Butter mit Zucker, Salz, Ei und nach Belieben Rum cremig rühren. Mehl mit Backpulver mischen und einrühren. Ein Drittel vom Teig mit Nussnugatcreme verrühren.

2 Den unteren Teil der Backform auf ein Backblech stellen und den hellen Teig mit zwei Teelöffeln in die Mulden füllen. Den dunklen Teig daraufgeben und beide Teige mit einem Holzstäbchen spiralförmig verziehen. Die Form mit dem Deckel verschließen und den Teig im Ofen (Mitte) ca. 20 Min. backen. Herausnehmen und 5 Min. abkühlen lassen. Dann den Deckel abnehmen und die Cake-Pops aus den Mulden drücken.

3 Für die Deko die Kuvertüre grob hacken und mit Kokosfett im heißen Wasserbad schmelzen lassen. Cake-Pop-Stiele 1 cm tief eintauchen, in die Cake-Pops stecken und diese 15 Min. kühlen. Die übrige Kuvertüre in einen kleinen Gefrierbeutel füllen, ein kleines Loch einstechen und feine Linien auf die Cake-Pops spritzen.

BROWNIES AM STIEL

30 g Walnusskerne | 50 g Zartbitterschokolade | 30 g weiche Butter | 2 Eigelb (Größe M) | 50 g Rohrzucker | 1 Prise Salz | 90 g Mehl | 150 g Vollmilchkuvertüre | 20 g Kokosfett | Kakaopulver | flexible Cake-Pop-Backform für 16 Stück | 16 Cake-Pop-Stiele oder Holzstäbchen

Nussvoll und schokoladig

Für 16 Stück | 45 Min. Zubereitung | 20 Min. Backen | 20 Min. Kühlen
Pro Stück ca. 145 kcal, 2 g EW, 9 g F, 13 g KH

1 Den Backofen auf 180° vorheizen. Walnusskerne fein hacken. Schokolade in Stücke brechen und mit Butter im heißen Wasserbad schmelzen lassen. Eigelbe mit Zucker und Salz verrühren, die Schokobutter zugeben und alles cremig aufschlagen. Nüsse und Mehl mischen und unterheben.

2 Den unteren Teil der Backform auf ein Backblech stellen, den Teig mit zwei Teelöffeln in die Mulden füllen und die Form mit dem Deckel verschließen. Den Teig im Ofen (Mitte) ca. 20 Min. backen. Herausnehmen und 5 Min. abkühlen lassen. Dann den Deckel abnehmen und die Cake-Pops aus den Mulden drücken.

3 Für die Deko die Kuvertüre hacken und mit dem Kokosfett in einer Schüssel über dem heißen Wasserbad schmelzen lassen. Cake-Pop-Stiele 1 cm tief eintauchen, in die Cake-Pops stecken und diese 15 Min. kühlen. Die Pops dann in die geschmolzene Kuvertüre (bei Bedarf nochmals erwärmen) tauchen und den Überschuss abtropfen lassen. Die Brownies kurz trocknen lassen und mit Kakaopulver bestäuben.

ZITRUS-POPS

Für Kuchen ist es mir im Sommer oft zu heiß. Aber wenn es fruchtige kleine Cake-Pops in Form von Limetten, Zitronen und Orangen gibt, kann ich nicht widerstehen.

1 Bio-Limette
20 g Zitronat
1 Pck. Vanillezucker
75 g Butter | 125 g Zucker
2 Eigelb (Größe M)
100 g geschälte, gemahlene Mandeln
50 g Mehl
½ TL Backpulver

Für die Deko:
100 g grüne Candy-Melts
75 g gelbe Candy-Melts
75 g orangefarbene Candy-Melts
32 Marzipanblättchen (Fertigprodukt)

Außerdem:
flexible Cake-Pop-Backform für 16 Stück
32 Cake-Pop-Stiele oder Holzstäbchen

Frisch und leicht

Für 32 Stück | 1 Std. Zubereitung | 40 Min. Backen | 25 Min. Kühlen
Pro Stück ca. 115 kcal, 1 g EW, 7 g F, 12 g KH

1 Den Backofen auf 180° vorheizen. Limette heiß abwaschen und abtrocknen. 1 TL Schale abreiben, den Saft auspressen. Zitronat mit Vanillezucker im Mixer sehr fein zerkleinern. Butter zerlassen. Zucker mit Eigelben, Limettenschale und -saft mit dem Handrührgerät in ca. 5 Min. weißschaumig rühren. Mandeln mit Mehl, Backpulver und Zitronat-Vanillezucker mischen und einrühren. Die flüssige Butter unterrühren.

2 Den unteren Teil der Backform auf ein Backblech stellen, die Hälfte des Teigs mit zwei Teelöffeln in die Mulden füllen und die Form mit dem Deckel verschließen. Den Teig im Ofen (Mitte) ca. 20 Min. backen. Herausnehmen und 5 Min. abkühlen lassen. Dann den Deckel abnehmen und die Cake-Pops aus den Mulden drücken. Den restlichen Teig ebenso backen.

3 Für die Deko die grünen Candy-Melts in einer Tasse im heißen Wasserbad schmelzen lassen. Cake-Pop-Stiele 1 cm tief eintauchen, in die Cake-Pops stecken und diese 15 Min. kühlen. Gelbe und orangefarbene Candy-Melts getrennt in zwei Tassen im heißen Wasserbad schmelzen. Je ein Drittel der Cake-Pops grün, gelb und orangefarben glasieren, dabei den Überschuss durch Drehen der Stiele abtropfen lassen. Die Zitrus-Pops noch feucht mit Marzipanblättchen verzieren.

VARIANTE

Für Lime-Pops 1 TL abgeriebene Bio-Limettenschale mit 2 TL Zucker mischen. Die Cake-Pops mit grünen oder gelben Candy-Melts überziehen, nur kurz trocknen lassen und dann mit dem Limettenzucker bestreuen. Wer mag, verziert auch diese Pops noch mit Marzipanblättchen.

3

SPIELKARTEN-CAKE-POPS

150 g Sahne | 150 g Zucker | 1 Pck. Vanillezucker | 1 Prise Salz | 3 Eier (Größe M) | 225 g Mehl | 1 TL Backpulver | 100 g Apfelgelee | 250 g Puderzucker | 1 EL Zitronensaft | 100 g Marzipanrohmasse | rote Lebensmittelfarbe | verstellbarer Backrahmen | Ausstechformen mit Spielkartensymbolen (ca. 1 ½ cm)

Für den Spieleabend

Für 24 Stück | 50 Min. Zubereitung | 25 Min. Backen | 1 Std. 5 Min. Kühlen
Pro Stück ca. 160 kcal, 2 g EW, 4 g F, 29 g KH

1 Backofen auf 180° vorheizen, ein Backblech mit Backpapier belegen. Den Backrahmen auf 24 × 24 cm einstellen und auf das Blech setzen.

2 Sahne, Zucker, Vanillezucker, Salz und Eier weißschaumig rühren. Mehl mit Backpulver mischen und locker unterheben. Den Teig im Backrahmen glatt streichen und im Ofen (Mitte) ca. 25 Min. backen. Herausnehmen, 5 Min. abkühlen lassen, dann den Backrahmen entfernen. Gelee erwärmen, den Kuchen damit bestreichen und trocknen lassen. Danach mit einem scharfen Messer in 24 Rechtecke (4 × 6 cm) schneiden.

3 Für die Deko den Puderzucker mit Zitronensaft und 3–4 EL lauwarmem Wasser zu einer dickflüssigen Glasur verrühren. Marzipanrohmasse mit 2–3 Tropfen Lebensmittelfarbe verkneten, zwischen Frischhaltefolie dünn ausrollen und Spielkartensymbole (z. B. Karo, Pik, Herz, Ziffern) ausstechen. Den Kuchen mit der Glasur bestreichen und jedes Rechteck noch feucht mit den Spielkartensymbolen verzieren. Die Rechtecke vom Blech heben und 1 Std. kühlen.

NOTENBLÄTTER

150 g Sahne | 150 g Zucker | 1 Pck. Vanillezucker | 1 Prise Salz | 3 Eier (Größe M) | 225 g Mehl | 1 TL Backpulver | 100 g Apfel- oder Quittengelee | 250 g Puderzucker | 4 – 5 EL lauwarme Milch | 75 g Zartbitterkuvertüre | 10 g Kokosfett | verstellbarer Backrahmen

Für Musikliebhaber

Für 24 Stück | 45 Min. Zubereitung | 25 Min. Backen | 1 Std. 5 Min. Kühlen
Pro Stück ca. 160 kcal, 2 g EW, 4 g F, 28 g KH

1 Backofen auf 180° vorheizen, ein Backblech mit Backpapier belegen. Den Backrahmen auf 24 × 24 cm einstellen und auf das Blech setzen.

2 Sahne, Zucker, Vanillezucker, Salz und Eier weißschaumig rühren. Mehl mit Backpulver mischen und unterheben. Den Teig im Backrahmen glatt streichen und im Ofen (Mitte) in ca. 25 Min. goldbraun backen. Herausnehmen, 5 Min. abkühlen lassen, dann den Backrahmen entfernen. Gelee erwärmen, den Kuchen damit bestreichen und trocknen lassen. Danach mit einem scharfen Messer in Rechtecke (4 × 6 cm) schneiden.

3 Für die Deko Puderzucker und Milch zu einer dickflüssigen Glasur verrühren. Den Kuchen damit bestreichen, trocknen lassen und die Rechtecke voneinander trennen. Kuvertüre hacken und mit Kokosfett in einer Tasse im heißen Wasserbad schmelzen lassen. Die geschmolzene Kuvertüre in einen kleinen Gefrierbeutel füllen, ein kleines Loch einstechen und Notenlinien, Noten und Notenschlüssel auf die Rechtecke spritzen. Die Cake-Pops 1 Std. kühlen.

KRAPFEN-POPS

Meine Familie liebt diese luftig-fluffigen Cake-Pops. Mit einem Happs sind sie verschwunden – da darf es auch gerne ein zweiter oder dritter sein!

300 g Mehl
1 Pck. Trockenhefe
100 ml lauwarme Milch
2 EL Zucker
1 TL Vanillezucker
1 Prise Salz
50 g zerlassene Butter
2 Eigelb (Größe M)

Für die Deko:

200 g Puderzucker
1 EL Zitronensaft
bunte Zuckerstreusel

Außerdem:

Mehl zum Arbeiten
Öl zum Frittieren (ca. ½ l; ersatzweise Butterschmalz)
24 Holzstäbchen

Frisch am besten

Für 24 Stück | 45 Min. Zubereitung | 1 Std. Ruhen
Pro Stück ca. 160 kcal, 2 g EW, 9 g F, 19 g KH

1 Mehl mit Trockenhefe in einer Schüssel mischen und die Milch einrühren. Zucker, Vanillezucker, Salz, zerlassene Butter und Eigelbe dazugeben und alles rasch mit den Händen zu einem glatten Teig verkneten. Diesen zugedeckt an einem warmen Ort 45 Min. gehen lassen (Bild 1).

2 Den Teig auf der bemehlten Arbeitsfläche kräftig durchkneten, zu einer Rolle formen und in 24 Stücke schneiden. Jedes Stück zwischen bemehlten Händen zu einem Bällchen formen (Bild 2) und auf ein bemehltes Brett oder Blech legen. Die Bällchen mit einem Küchentuch abdecken und nochmals 15 Min. gehen lassen.

3 Öl in einem Topf erhitzen. Es ist heiß genug, wenn an einem ins Öl getauchten Holzstäbchen rasch Bläschen aufsteigen. Die Krapfen-Pops portionsweise ins heiße Öl legen und von jeder Seite in 2 – 3 Min. goldbraun frittieren (Bild 3). Mit einem Schaumlöffel herausheben, auf Küchenpapier entfetten und abkühlen lassen.

4 Für die Deko den Puderzucker mit Zitronensaft und 2 – 3 EL lauwarmem Wasser zu einer dickflüssigen Glasur verrühren. Die Krapfen-Pops damit bestreichen und mit Zuckerstreuseln verzieren. Zum Servieren auf Holzstäbchen stecken.

VARIANTE

Für gefüllte Krapfen-Pops 2 EL Aprikosenkonfitüre erwärmen, durch ein Sieb streichen und in einen Spritzbeutel mit kleiner Lochtülle füllen. Die Tülle seitlich in die gebackenen Krapfen stechen und jeweils etwas Konfitüre hineinspritzen.

1

2

3

FÜR GÄSTE UND FESTE

Egal ob Osterbrunch, Gartenfest oder Adventskaffee, ob Taufe, Hochzeit oder Geburtstagsparty – für jeden Anlass gibt es die passenden Cake-Pops. Hübsch verziert sind sie die heimlichen Stars auf dem Büfett.

GEBURTSTAGS-CAKE-POPS

Happy Birthday! Dieses Jahr gibt's für das Geburtstagskind einen essbaren Blumenstrauß aus vielen zarten Minikuchen.

50 g Zartbitterschokolade
50 g weiche Butter
50 g Zucker
1 Ei (Größe M)
1 Eigelb (Größe M)
1 TL Kakaopulver
50 g gehackte Mandeln
125 g Mehl
1 EL Himbeergelee
1 EL Mascarpone
25 g Zartbitterkuvertüre

Für die Deko:
350 g rosafarbener Rollfondant
20 bunte Esspapierblüten (Fertigprodukt)

Außerdem:
20 Cake-Pop-Stiele oder Holzstäbchen
runde Ausstechform (8 cm ∅)

Gut vorzubereiten

Für 20 Stück | 1 Std. 15 Min. Zubereitung | 15 Min. Backen | 50 Min. Kühlen
Pro Stück ca. 180 kcal, 2 g EW, 7 g F, 26 g KH

1 Den Backofen auf 180° vorheizen, ein Backblech mit Backpapier belegen. Schokolade mit Butter über dem heißen Wasserbad schmelzen lassen. Die Schokobutter mit Zucker, Ei, Eigelb und Kakaopulver cremig rühren. Mandeln und Mehl unterheben. Den Teig auf das Blech streichen und im Ofen (Mitte) 15 – 20 Min. backen. Herausnehmen, den Kuchen auf die Arbeitsfläche stürzen und 5 Min. abkühlen lassen. Dann das Papier abziehen.

2 Den Kuchen fein zerkrümeln. Die Brösel mit Gelee und Mascarpone zu einer formbaren Masse verkneten. Daraus 20 Bällchen formen und 30 Min. kühlen. Kuvertüre hacken und in einer Tasse im heißen Wasserbad schmelzen lassen. Cake-Pop-Stiele 1 cm tief eintauchen, in die Cake-Pops stecken und diese 15 Min. kühlen.

3 Für die Deko den Rollfondant etwas weich kneten. Danach zwischen Frischhaltefolie dünn ausrollen und 20 Kreise ausstechen. Die Cake-Pops damit umhüllen und die Enden leicht andrücken. Mit Esspapierblüten verzieren.

VARIANTE

Für besondere Gelegenheiten dekoriere ich diese Cake-Pops mit Marzipanrosen. Dafür 200 g Marzipanrohmasse mit 50 g Puderzucker und einigen Tropfen roter Lebensmittelfarbe verkneten. Zwischen Frischhaltefolie dünn ausrollen und Kreise (3 cm ∅) ausstechen. 1 Kreis als Blütenknospe einrollen, 3 – 4 weitere Kreise ansetzen und so eine Rose formen. 200 g Zartbitterkuvertüre mit 20 g Kokosfett über dem heißen Wasserbad schmelzen. Die Cake-Pops damit überziehen, kurz trocknen lassen, in Pralinenförmchen setzen und die Marzipanrosen aufdrücken.

HOCHZEITS-POPS

Ob als kleine Gastgeschenke oder als Hingucker auf der Kaffeetafel – hier haben sich Cake-Pops mal ganz fein gemacht und sind Braut und Bräutigam im Miniformat.

4 Eier (Größe M)
200 g Zucker | 1 Prise Salz
200 g gemahlene Mandeln
100 g Mehl
100 g weiße Kuvertüre
100 g Crème fraîche

Für die Deko:

400 g weiße Kuvertüre
50 g Kokosfett
weißer essbarer Glitzer
weiße Zuckerperlen
150 g Zartbitterkuvertüre
30 g schwarzer Rollfondant

Außerdem:

40 Cake-Pop-Stiele oder Holzstäbchen
40 Papierförmchen für Pralinen

Für den schönsten Tag

Für 40 Stück | 2 Std. Zubereitung | 20 Min. Backen | 50 Min. Kühlen
Pro Stück ca. 180 kcal, 3 g EW, 11 g F, 16 g KH

1 Backofen auf 180° vorheizen, ein Backblech mit Backpapier belegen. Eier, Zucker und Salz mit dem Handrührgerät weißschaumig rühren. Mandeln mit Mehl mischen und unterheben. Den Teig auf das Blech streichen und im Ofen (Mitte) ca. 20 Min. backen. Herausnehmen, auf die Arbeitsfläche stürzen und 5 Min. abkühlen lassen. Das Papier abziehen und den Biskuit fein zerkrümeln.

2 Die Kuvertüre hacken. Crème fraîche erwärmen und die Kuvertüre darin unter Rühren schmelzen lassen. Die Creme abkühlen lassen und mit den Biskuitbröseln zu einer formbaren Masse verkneten. Aus der Masse 40 Cake-Pops formen und 30 Min. kühlen.

3 Für die Deko die weiße Kuvertüre grob hacken und mit 30 g Kokosfett über dem heißen Wasserbad schmelzen lassen. Cake-Pop-Stiele 1 cm tief eintauchen, in die Cake-Pops stecken und diese nochmals 15 Min. kühlen.

4 Die Cake-Pops in die geschmolzene weiße Kuvertüre tauchen und trocknen lassen. Für die Bräute die restliche weiße Kuvertüre in einen Gefrierbeutel füllen, ein kleines Loch einstechen und bei 20 Cake-Pops Streifen und Tupfen als Kleid aufspritzen. Die Braut-Cake-Pops noch feucht mit Glitzer bestreuen und weiße Zuckerperlen als Kette aufsetzen. In Pralinenförmchen setzen.

5 Für die Bräutigame die Zartbitterkuvertüre grob hacken und mit 20 g Kokosfett über dem heißen Wasserbad schmelzen lassen. Für den Frack die übrigen 20 Cake-Pops zuerst seitlich zu einem Drittel in die Kuvertüre tauchen, dann von der anderen Seite. Dabei bleibt in der Mitte ein Stück weiße Kuvertüre als »Hemd« frei. Trocknen lassen. Aus schwarzem Rollfondant 20 Fliegen formen und mit einem winzigen Tupfen Kuvertüre befestigen. Mit einem Zahnstocher kleine Kuvertüretupfen als Knöpfe aufmalen und die Cake-Pops in die Pralinenförmchen setzen.

OSTER-CAKE-POPS

3 Eier (Größe M) | 90 g Zucker | 1 Pck. Vanillezucker | 90 g Mehl | 150 g Doppelrahm-Frischkäse | 2 EL Lemon Curd (englischer Zitronen-Brotaufstrich aus dem Glas; Supermarkt) | 40 g gemahlene Pistazien | 225 g gelbe Candy-Melts | 20 g Kokosfett | 100 g Puderzucker | Zucker-Osterdeko | 20 Cake-Pop-Stiele oder Holzstäbchen | Osterhasen-Ausstechform (5 – 6 cm)

Fürs Osterbüfett

Für 20 Stück | 1 Std. 15 Min. Zubereitung | 20 Min. Backen | 50 Min. Kühlen
Pro Stück ca. 180 kcal, 3 g EW, 7 g F, 25 g KH

1 Backofen auf 180° vorheizen, ein Backblech mit Backpapier belegen. Eier, Zucker und Vanillezucker weißschaumig rühren. Mehl unterheben. Den Teig auf das Blech streichen und im Backofen (Mitte) 20 Min. backen. Herausnehmen, auf die Arbeitsfläche stürzen und 5 Min. abkühlen lassen. Das Papier abziehen und den Biskuit fein zerkrümeln.

2 Frischkäse, Lemon Curd und Pistazien verrühren. Mit den Biskuitbröseln zu einer formbaren Masse verkneten und diese halbieren. Eine Hälfte zwischen Frischhaltefolie 2 – 3 cm dick ausrollen und Häschen ausstechen. Aus der zweiten Hälfte ovale Eier formen, beides 30 Min. kühlen.

3 Candy-Melts mit Kokosfett über dem heißen Wasserbad schmelzen. Stiele 1 cm tief eintauchen, in die Cake-Pops stecken und diese 15 Min. kühlen. Dann alle Pops mit Candy-Melts überziehen. Puderzucker mit 1 – 2 TL lauwarmem Wasser verrühren. Die Glasur in einen Gefrierbeutel füllen und ein kleines Loch einstechen. Die Osterhasen mit Gesichtern, die Eier mit Linien verzieren. Die Osterdeko in den feuchten Guss drücken.

SOMMER-CAKE-POPS

150 g Johannisbeeren | 1 Pck. Vanillezucker | 150 g Löffelbiskuits | 100 g Doppelrahm-Frischkäse | 50 g Puderzucker | 1 EL Aprikosenkonfitüre | 1 TL abgeriebene Bio-Zitronenschale | 225 g grüne Candy-Melts | 20 g Kokosfett | essbare Blüten (z.B. Veilchen, Gänseblümchen oder Kapuzinerkresseblüten; ersatzweise Zuckerblümchen) | 20 Cake-Pop-Stiele oder Holzstäbchen

Für Picknick und Gartenparty

Für 20 Stück | 1 Std. 15 Min. Zubereitung | 45 Min. Kühlen
Pro Stück ca. 135 kcal, 2 g EW, 5 g F, 18 g KH

1 Die Johannisbeeren kurz abbrausen, trocken tupfen und mit einer Gabel von den Rispen streifen. Die Beeren bei Bedarf nochmals trocken tupfen, dann behutsam mit dem Vanillezucker mischen. Die Löffelbiskuits in einen Gefrierbeutel geben, gut verschließen und mit dem Nudelholz fein zerkrümeln. Den Frischkäse mit Puderzucker, Aprikosenkonfitüre und Zitronenschale verrühren. Die Brösel zugeben und alles zu einer formbaren Masse verkneten.

2 Aus der Masse 20 Bällchen formen. Etwas flach drücken, in die Mitte je 2–3 Johannisbeeren legen und wieder rund formen. Dann 30 Min. kühlen.

3 Für die Deko Candy-Melts mit Kokosfett über dem heißen Wasserbad schmelzen. Stiele 1 cm tief eintauchen, in die Cake-Pops stecken und diese 15 Min. kühlen. Candy-Melts bei Bedarf nochmals erwärmen. Die Cake-Pops einzeln in die geschmolzene Glasur tauchen und den Überschuss abtropfen lassen. Die Cake-Pops mit Blüten oder Zuckerblümchen verzieren und trocknen lassen.

TAUFPLÄTZCHEN AM STIEL

Eingeladen zur Willkommensparty oder zur Taufe? Mit diesen süßen Keksen erobern Sie das Herz der frisch gebackenen Mutter im Sturm!

200 g weiche Butter
100 g Zucker
1 Pck. Vanillezucker
1 Ei (Größe M)
350 g Mehl
¼ TL Backpulver

Für die Deko:
je 50 g rosafarbener und blauer Rollfondant
250 g Puderzucker
3 EL lauwarme Milch
1 EL Zitronensaft
Lebensmittelfarbe (rot und blau)
bunte Zuckerperlen

Außerdem:
Mehl zum Arbeiten
runde gezackte oder glatte Ausstechform (5 cm ∅)
25 Cake-Pop-Stiele oder Holzstäbchen

Etwas aufwendiger

Für 25 Stück | 1 Std. 15 Min. Zubereitung | 30 Min. Kühlen | 12 Min. Backen
Pro Stück ca. 185 kcal, 2 g EW, 7 g F, 28 g KH

1 Den Backofen auf 180° vorheizen, ein Backblech mit Backpapier belegen. Butter mit Zucker, Vanillezucker und Ei mit dem Handrührgerät cremig rühren. Mehl mit Backpulver mischen und unterkneten. Den Teig 30 Min. kühlen.

2 Den Teig auf der dünn bemehlten Arbeitsfläche mindestens 5 mm dick ausrollen und 25 Kreise ausstechen. Diese auf das Blech legen und im Ofen (Mitte) in 12–15 Min. hell backen. Herausnehmen und die Cake-Pop-Stiele vorsichtig in die heißen Plätzchen stecken. Abkühlen lassen.

3 Für die Deko währenddessen aus dem Rollfondant Babyschuhe in Rosa und Blau formen. Puderzucker mit Milch zu einer dickflüssigen Glasur verrühren. Die Hälfte davon abnehmen und mit Zitronensaft etwas verdünnen. Die Plätzchen mit der Zitronenglasur bestreichen und trocknen lassen.

4 Die dickflüssige Glasur halbieren und mit einigen Tropfen Lebensmittelfarbe eine Portion rosa und eine blau einfärben. Die Glasuren getrennt in kleine Gefrierbeutel füllen und je ein kleines Loch einstechen. Die Plätzchen mit den Glasuren unterschiedlich verzieren. Dafür verschiedene Motive (z. B. Kinderwagen-Konturen, kleine Rasseln, Lätzchen oder Baby-Gesichter) auf die Plätzchen spritzen und mit Zuckerperlen belegen. Einige Plätzchen mit dem Namen des Babys beschriften oder mit den Babyschuhen verzieren. Trocknen lassen.

SCHNEEFLOCKEN UND TANNENBÄUME

150 g weiche Butter | 200 g Zucker | 1 Prise Salz | ¼ TL gemahlener Anis | 5 Eier (Größe M) | 300 g Mehl | 1 TL Backpulver | 200 g gemahlene Mandeln | 200 g Johannisbeergelee | 50 g weiße Kuvertüre | 500 g Puderzucker | 6 – 7 EL lauwarme Milch | 1 TL Zitronensaft | grüne Lebensmittelfarbe | weißer essbarer Glitzer | weiße und bunte Zuckerperlen | 1 EL Kokosraspel | Schneeflocken- und Tannenbaum-Ausstechformen (8 cm ∅) | 32 Cake-Pop-Stiele oder Holzstäbchen

Feine Weihnachtsbäckerei

Für 32 Stück | 1 Std. 30 Min. Zubereitung | 30 Min. Backen | 15 Min. Kühlen
Pro Stück ca. 237 kcal, 4 g EW, 19 g F, 35 g KH

1 Backofen auf 180° vorheizen, ein Backblech mit Backpapier belegen. Butter mit Zucker, Salz und Anis cremig rühren. Eier einzeln einrühren. Mehl, Backpulver und Mandeln mischen und unterheben. Die Hälfte des Teigs auf das Blech streichen und im Ofen (Mitte) 15 – 20 Min. backen. Herausnehmen, auf die Arbeitsfläche stürzen, 5 Min. abkühlen lassen, dann das Papier abziehen. Restlichen Teig ebenso backen. Gelee erwärmen, auf die Kuchen streichen und trocknen lassen. Aus einer Platte Flocken, aus der zweiten Bäume ausstechen.

2 Kuvertüre hacken und im heißen Wasserbad schmelzen. Stiele 1 cm tief eintauchen, in die Cake-Pops stecken und diese 15 Min. kühlen. Puderzucker mit Milch und Zitronensaft verrühren. Die Hälfte davon mit Lebensmittelfarbe grün färben. Die Schneeflocken weiß glasieren und mit Glitzer, weißen Zuckerperlen oder Kokosraspeln bestreuen. Die Tannenbäume grün glasieren und mit bunten Zuckerperlen verzieren. Trocknen lassen.

NIKOLAUS-POPS

60 g Honig | 40 g Rohrzucker | 40 g Butter | 1 Ei (Größe M) | 125 g Mehl | 1 TL Lebkuchengewürz | 1 TL Backpulver | 150 g rote Candy-Melts | 20 g Kokosfett | 32 Zuckeraugen (Fertigprodukt) | 16 rote Zuckerperlen | ½ Rezept Spritzglasur (s. Klappe hinten) | flexible Cake-Pop-Backform für 16 Stück | 16 Cake-Pop-Stiele oder Holzstäbchen

Lebkuchenwürzig

Für 16 Stück | 1 Std. 30 Min. Zubereitung | 20 Min. Backen | 20 Min. Kühlen
Pro Stück ca. 190 kcal, 2 g EW, 8 g F, 29 g KH

1 Backofen auf 180° vorheizen. Honig, Rohrzucker und Butter unter Rühren erwärmen, bis sich der Zucker löst. Etwas abkühlen lassen, dann das Ei einrühren. Mehl, Lebkuchengewürz und Backpulver mischen und unterheben. Den unteren Teil der Backform auf ein Backblech stellen, den Teig mit zwei Teelöffeln in die Mulden füllen und die Form mit dem Deckel verschließen. Im Ofen (Mitte) ca. 20 Min. backen. Herausnehmen, 5 Min. abkühlen lassen, den Deckel abnehmen und die Cake-Pops aus den Mulden drücken.

2 Für die Deko die Candy-Melts mit dem Kokosfett über dem heißen Wasserbad schmelzen. Die Cake-Pop-Stiele 1 cm tief eintauchen, in die Cake-Pops stecken und diese 15 Min. kühlen.

3 Die Cake-Pops einzeln mit den Candy-Melts (bei Bedarf nochmals erwärmen) überziehen. Mit je 2 Zuckeraugen und einer Zuckerperlen-Nase verzieren. Die Spritzglasur in einen kleinen Gefrierbeutel füllen und diesen verschließen. Eine Ecke abschneiden und Mütze und Bart auf die Cake-Pops spritzen. Trocknen lassen.

HITS FÜR KIDS

Sind bei Ihren Kindern Monster angesagt? Oder Märchenwesen aus dem Zauberwald? Oder haben Sie einen kleinen Astronauten daheim? Mit diesen Cake-Pops bringen Sie Kinderaugen zum Strahlen.

SCHÄFCHEN-POPS

Da ist gut Schäfchen zählen! Eine ganze Herde der weiß beflockten Wollknäuel schaut hier aus treuen Lakritzaugen.

100 ml Kokosmilch (aus der Dose)
75 g Marshmallows
200 g Löffelbiskuits

Für die Deko:
150 g weiße Kuvertüre
50 g Zartbitterkuvertüre
3 EL Kokosraspel
6 – 8 große Marshmallows
6 – 8 Stück rundes Mini-Lakritzkonfekt
16 Keks-Sticks mit Schokolade

Tierisches Vergnügen

Für 16 Stück | 50 Min. Zubereitung | 30 Min. Kühlen
Pro Stück ca. 175 kcal, 3 g EW, 7 g F, 23 g KH

1 Die Kokosmilch in einem Topf erwärmen und die Marshmallows unter Rühren darin schmelzen lassen. Den Mix etwas abkühlen lassen. Die Löffelbiskuits in einen Gefrierbeutel geben, verschließen und mit dem Nudelholz fein zerkrümeln. Die Biskuitbrösel zum Marshmallowmix geben und alles zu einer glatten Masse verrühren. Aus der Masse mit angefeuchteten Händen 16 Cake-Pops formen und 30 Min. kühlen.

2 Für die Deko weiße und Zartbitterkuvertüre getrennt über dem heißen Wasserbad schmelzen lassen. Kokosraspel in eine Schale geben. Die Cake-Pops mit der weißen Kuvertüre überziehen und sofort in den Kokosraspeln wenden. Für Gesicht und Augen Marshmallows mit einer angefeuchteten Schere und Lakritzkonfekt mit einem Messer in dünne Scheiben schneiden. Die Marshmallowscheiben in die geschmolzene Zartbitterkuvertüre tauchen und trocknen lassen.

3 Die Schoko-Marshmallowscheiben mit etwas weißer Kuvertüre seitlich an den Cake-Pops befestigen und mit einem Holzstäbchen Nasenlöcher einstechen. Die Augen ebenfalls mit etwas Kuvertüre befestigen. Für die Beine die Keks-Sticks vierteln. Je vier Beine in die vorbereiteten Schäfchen stecken, dazu mit einem Schaschlikspieß kleine Löcher vorbohren.

TIPP **Wer mag, kann aus Marshmallows auch noch Ohren zuschneiden, mit geschmolzener Zartbitterkuvertüre glasieren, trocknen lassen und mit Glasur befestigen.**

SCHRÄGE VÖGEL

200 g Löffelbiskuits | 100 g Sahne | 75 g Marshmallows | 25 g weiße Kuvertüre | einige rote und schwarze Fruchtgummischnüre | 100 g rote Candy-Melts | 100 g gelbe Candy-Melts | 20 g Kokosfett | 32 Zuckeraugen (Fertigprodukt) | 16 blanchierte Mandeln | 16 Cake Pop Stiele oder Holzstäbchen

Helden aus dem PC-Spiel

Für 16 Stück | 1 Std. 20 Min. Zubereitung | 35 Min. Kühlen
Pro Stück ca. 200 kcal, 2 g EW, 9 g F, 25 g KH

1 Löffelbiskuits in einen Gefrierbeutel geben, gut verschließen und mit dem Nudelholz fein zerkrümeln. Die Sahne erwärmen, die Marshmallows darin schmelzen und 5 Min. abkühlen lassen. Die Biskuitbrösel zugeben, alles zu einer glatten Masse verkneten und 20 Min. kühlen.

2 Aus der Masse mit angefeuchteten Händen Bällchen und kleine Dreiecke formen. Kuvertüre in einer Tasse im heißen Wasserbad schmelzen lassen. Cake-Pop-Stiele 1 cm tief in die Kuvertüre tauchen, in die Bällchen oder eine Längsseite der Dreiecke stecken und diese 15 Min. kühlen.

3 Für die Deko die Gummischnüre für die Augenbrauen in kleine Stücke schneiden. Rote und gelbe Candy-Melts getrennt mit je 10 g Kokosfett über dem heißen Wasserbad schmelzen lassen. Die Dreiecke in die geschmolzenen gelben Candy-Melts tauchen und den Überschuss abtropfen lassen. Die Bällchen auf die gleiche Weise mit den roten Candy-Melts überziehen. Die Cake-Pops sofort mit Zuckeraugen und Augenbrauen verzieren und je 1 Mandel als Schnabel eindrücken.

MONSTER AM STIEL

30 g weiche Butter | 50 g Puderzucker | 1 TL Zitronensaft | 1 Ei (Größe M) | 1 EL Naturjoghurt | 90 g Mehl | ¼ TL Backpulver | 200 g weiße Kuvertüre | 20 g Kokosfett | 50 g grünes oder rotes Marzipan (Fertigprodukt oder selbst gefärbt) | fettlösliche Lebensmittelfarbe (grün, blau, rot) | 32 Zuckeraugen (Fertigprodukt) | flexible Cake-Pop-Backform für 16 Stück | 16 Cake-Pop-Stiele oder Holzstäbchen

Für furchtlose Kids

Für 16 Stück | 1 Std. 20 Min. Zubereitung | 20 Min. Backen | 20 Min. Kühlen
Pro Stück ca. 155 kcal, 2 g EW, 9 g F, 17 g KH

1 Den Backofen auf 180° vorheizen. Butter mit Puderzucker, Zitronensaft, Ei und Joghurt cremig rühren. Mehl mit Backpulver mischen und unterrühren. Den unteren Teil der Backform auf ein Backblech stellen, den Teig mit zwei Teelöffeln in die Mulden füllen und die Form mit dem Deckel verschließen. Den Teig im Ofen (Mitte) ca. 20 Min. backen. Herausnehmen und 5 Min. abkühlen lassen. Dann den Deckel abnehmen und die Cake-Pops aus den Mulden drücken.

2 Für die Deko Kuvertüre hacken und mit Kokosfett über dem heißen Wasserbad schmelzen lassen. Cake-Pop-Stiele 1 cm tief eintauchen, in die Cake-Pops stecken und diese 15 Min. kühlen.

3 Marzipan durch die Knoblauchpresse drücken. Die geschmolzene Kuvertüre dritteln und jede Portion in einer Farbe einfärben. Die Cake- Pops damit glasieren, noch feucht mit je 1–3 Augen und Marzipanhaaren verzieren. Nach Belieben mit der übrigen Kuvertüre dekorieren.

FROSCHKÖNIG

50 g Doppelrahm-Frischkäse | 50 g Zucker | 1 Pck. Brausepulver mit Orangen-Aroma | 1 Eigelb (Größe M) | 50 g gemahlene Mandeln | 50 g Mehl | ¼ TL Backpulver | 150 g grüne Candy-Melts | 20 g Kokosfett | 6 – 8 Stück runden Mini Lakritzkonfekt | goldene Zuckerperlen | rote Zuckerschrift | flexible Cake-Pop-Backform für 16 Stück | 16 Cake-Pop-Stiele oder Holzstäbchen

Wartet auf die Prinzessin

Für 16 Stück | 1 Std. Zubereitung | 20 Min. Backen | 20 Min. Kühlen
Pro Stück ca. 135 kcal, 2 g EW, 7 g F, 15 g KH

1 Den Backofen auf 180° vorheizen. Frischkäse mit Zucker, Brausepulver und Eigelb cremig rühren. Mandeln, Mehl und Backpulver mischen und einrühren. Den unteren Teil der Backform auf ein Backblech stellen, den Teig mit zwei Teelöffeln in die Mulden füllen und mit dem Deckel verschließen. Den Teig im Ofen (Mitte) 20 Min. backen. Die Form herausnehmen und 5 Min. abkühlen lassen. Dann den Deckel abnehmen und die Cake-Pops aus den Mulden drücken.

2 Für die Deko Candy-Melts mit Kokosfett über dem heißen Wasserbad schmelzen lassen. Cake-Pop-Stiele 1 cm tief eintauchen, in die Cake-Pops stecken und diese 15 Min. kühlen.

3 Lakritzkonfekt mit einem Messer in Scheiben schneiden. Die Cake-Pops einzeln in die Glasur (bei Bedarf nochmals erwärmen) tauchen und den Überschuss abtropfen lassen. Je 2 Lakritzkonfektscheiben als Augen und einige Zuckerperlen kreisförmig als Krone aufdrücken. Trocknen lassen und mit Zuckerschrift einen Mund aufmalen.

ROTKÄPPCHEN

1 Rezept Froschkönig-Teig (siehe links) | 150 g weiße Kuvertüre | 15 g Kokosfett | 100 g Marzipanrohmasse | 50 g Puderzucker | rote Lebensmittelfarbe | blaue Zuckerkonfetti | rote Zuckerschrift | flexible Cake-Pop-Backform für 16 Stück | 16 Cake-Pop-Stiele oder Holzstäbchen

Kein Wolf in Sicht

Für 16 Stück | 1 Std. 10 Min. Zubereitung | 20 Min. Backen | 20 Min. Kühlen
Pro Stück ca. 170 kcal, 3 g EW, 9 g F, 19 g KH

1 Backofen auf 180° vorheizen. Den Teig wie links beschrieben zubereiten, in die Mulden der Backform füllen und diese mit dem Deckel verschließen. Im Ofen (Mitte) 20 Min. backen. Herausnehmen, 5 Min. abkühlen lassen, Deckel abnehmen und die Cake-Pops aus den Mulden drücken.

2 Für die Deko die Kuvertüre grob hacken und mit dem Kokosfett in einer Schüssel über dem heißen Wasserbad schmelzen lassen. Cake-Pop-Stiele 1 cm tief eintauchen, in die Cake-Pops stecken und diese 15 Min. kühlen.

3 Marzipanrohmasse mit Puderzucker und einigen Tropfen roter Lebensmittelfarbe verkneten. Das Marzipan zwischen Frischhaltefolie dünn ausrollen und 16 Dreiecke (8 × 8 × 11 cm) als Rotkäppchen-Kopftücher ausschneiden. Die Cake-Pops einzeln in die geschmolzene Kuvertüre (bei Bedarf nochmals erwärmen) tauchen und den Überschuss abtropfen lassen. Mit den Kopftüchern verzieren und je 2 blaue Zuckerkonfetti als Augen aufdrücken. Trocknen lassen und mit Zuckerschrift einen Mund aufmalen.

FUSSBALL-POPS

Ein Schuss, ein Tor – mit diesen Cake-Pops landen Sie bestimmt viele Treffer. Da greifen große und kleine Spieler gerne zu.

30 g Butter
1 Ei (Größe M)
50 g Zucker
1 Pck. Vanillezucker
1 Prise Salz
50 g gemahlene Haselnüsse
50 g Mehl
¼ TL Backpulver
Für die Deko:
150 g weiße Kuvertüre
20 g Kokosfett
4 Lakritzschnecken
Außerdem:
flexible Cake-Pop-Backform für 16 Stück
16 Cake-Pop-Stiele oder Holzstäbchen

Für die Meisterfeier

Für 16 Stück | 1 Std. 20 Min. Zubereitung | 20 Min. Backen | 20 Min. Kühlen
Pro Stück ca. 135 kcal, 2 g EW, 9 g F, 13 g KH

1 Den Backofen auf 180° vorheizen. Butter zerlassen. Ei mit Zucker, Vanillezucker und Salz mit dem Handrührgerät weißschaumig rühren. Haselnüsse mit Mehl und Backpulver mischen und einrühren. Die flüssige Butter gut unterrühren. Den unteren Teil der Backform auf ein Backblech stellen, den Teig mit zwei Teelöffeln in die Mulden füllen und die Form mit dem Deckel verschließen. Den Teig im Ofen (Mitte) ca. 20 Min. backen. Die Form herausnehmen und 5 Min. abkühlen lassen. Dann den Deckel abnehmen und die Cake-Pops aus den Mulden drücken.

2 Für die Deko die Kuvertüre hacken und mit dem Kokosfett in einer Schüssel über dem Wasserbad schmelzen lassen. Cake-Pop-Stiele 1 cm tief eintauchen, in die Cake-Pops stecken und diese 15 Min. kühlen.

3 Inzwischen Lakritzschnecken in unregelmäßige kleine Stücke oder Fünfecke schneiden. Die Cake-Pops einzeln in die geschmolzene Kuvertüre tauchen und den Überschuss durch Drehen der Stiele abtropfen lassen. Sofort die Lakritzstücke eindrücken.

VARIANTE

Für weiß-rote Fußbälle verwende ich statt Lakritzschnecken 50 g rote Candy-Melts. Diese schmelze ich mit 20 g Kokosfett in einer Tasse im heißen Wasserbad. Die Cake-Pops wie beschrieben mit geschmolzener Kuvertüre überziehen, mit einem Holzstäbchen kleine rote Kleckse daraufsetzen und etwas auseinanderziehen. Trocknen lassen.

SMILEYS

30 g weiche Butter | 50 g Zucker | 1 Ei (Größe M) | 1 EL Naturjoghurt | 90 g Mehl | 1/4 TL Backpulver | 2 EL Apfelgelee | 75 g Zartbitterkuvertüre | 150 g gelber Rollfondant | flexible Cake-Pop-Backform für 16 Stück | 16 Cake-Pop-Stiele oder Holzstäbchen | runde Ausstechform (8 cm ∅)

Don't worry – be happy

Für 16 Stück | 1 Std. Zubereitung | 20 Min. Backen | 20 Min. Kühlen
Pro Stück ca. 120 kcal, 1 g EW, 4 g F, 19 g KH

1 Backofen auf 180° vorheizen. Butter mit Zucker, Ei und Joghurt cremig rühren. Mehl mit Backpulver mischen und unterrühren. Den unteren Teil der Backform auf ein Backblech stellen, den Teig mit zwei Teelöffeln in die Mulden füllen und die Form mit dem Deckel verschließen. Den Teig im Ofen (Mitte) ca. 20 Min. backen. Herausnehmen, 5 Min. abkühlen lassen, den Deckel abnehmen und die Cake-Pops aus den Mulden drücken. Apfelgelee erwärmen und die Pops damit glasieren.

2 Für die Deko Kuvertüre hacken und in einer Tasse im heißen Wasserbad schmelzen lassen. Cake-Pop-Stiele 1 cm tief eintauchen, in die Cake-Pops stecken und diese 15 Min. kühlen.

3 Rollfondant zwischen Frischhaltefolie dünn ausrollen und 20 Kreise ausstechen. Die Cake-Pops damit umhüllen und den Fondant fest andrücken. Die restliche Kuvertüre in einen kleinen Gefrierbeutel füllen, ein kleines Loch einstechen und Gesichter (z.B. Lächeln, Weinen, Kussmund) auf die Cake-Pops spritzen.

BLAUE ZWERGE

350 g Butterkekse | 75 g Butter | 2 EL Aprikosenkonfitüre | 100 g Doppelrahm-Frischkäse | 200 g blaue Candy-Melts | 30 g Kokosfett | 40 Zuckeraugen (Fertigprodukt) | 100 g weiße Kuvertüre | fettlösliche rote Lebensmittelfarbe | rote Zuckerschrift | 20 Cake-Pop-Stiele oder Holzstäbchen

Einfach mal blaumachen

Für 20 Stück | 1 Std. 15 Min. Zubereitung | 45 Min. Kühlen
Pro Stück ca. 215 kcal, 2 g EW, 12 g F, 25 g KH

1 Die Kekse portionsweise in einen Gefrierbeutel geben, verschließen und mit dem Nudelholz fein zerkrümeln. Butter zerlassen und etwas abkühlen lassen. Dann mit Keksbröseln, Konfitüre und Frischkäse zu einer formbaren Masse verkneten. Daraus 20 Bällchen formen, dabei jeweils die Zwergennase, Ohren und die Mütze modellieren. Die Cake-Pops 30 Min. kühlen.

2 Für die Deko Candy-Melts mit 20 g Kokosfett über dem heißen Wasserbad schmelzen lassen. Cake-Pop-Stiele 1 cm tief eintauchen, in die Cake-Pops stecken und diese 15 Min. kühlen. Die Pops dann mit den Candy-Melts überziehen und je 2 Zuckeraugen aufdrücken. Gut trocknen lassen.

3 Kuvertüre hacken, mit 10 g Kokosfett über dem heißen Wasserbad schmelzen lassen. 1 EL davon mit 1 Tropfen Lebensmittelfarbe färben. Die Mütze eines Zwergs in die rote, die Mützen der anderen Zwerge in die weiße Kuvertüre tauchen. Die restliche weiße Kuvertüre in einen Gefrierbeutel füllen, ein kleines Loch einstechen und dem Zwerg mit der roten Mütze einen Bart aufspritzen. Mit Zuckerschrift allen Münder aufmalen, trocknen lassen.

WELTALL-POPS

Einmal zum Saturn und zurück! Der Aufwand bei der Deko wird hier belohnt – denn wer kann schon von sich behaupten, ein ganzes Sonnensystem gebacken zu haben?

30 g Butter
1 Ei (Größe M)
50 g Zucker
1 Pck. Vanillezucker
1 Prise Salz
90 g Mehl
¼ TL Backpulver
1 EL Naturjoghurt
Für die Deko:
75 g blaue Candy-Melts
20 g Kokosfett
35 g weißer Rollfondant
100 g weiße Kuvertüre
fettlösliche Lebensmittelfarbe (gelb und rot)
Außerdem:
flexible Cake-Pop-Backform für 16 Stück
16 Cake-Pop-Stiele oder Holzstäbchen

Astronautennahrung

Für 16 Stück | 1 Std. 30 Min. Zubereitung | 20 Min. Backen | 20 Min. Kühlen
Pro Stück ca. 135 kcal, 1 g EW, 7 g F, 16 g KH,

1 Den Backofen auf 180° vorheizen. Butter zerlassen. Ei mit Zucker, Vanillezucker und Salz mit dem Handrührgerät in ca. 5 Min. weißschaumig rühren. Mehl mit Backpulver mischen und einrühren. Flüssige Butter und Joghurt unterrühren. Den unteren Teil der Backform auf ein Backblech stellen, den Teig mit zwei Teelöffeln in die Mulden füllen und die Form mit dem Deckel verschließen. Den Teig im Ofen (Mitte) ca. 20 Min. backen. Herausnehmen und 5 Min. abkühlen lassen. Dann den Deckel abnehmen und die Cake-Pops aus den Mulden drücken.

2 Die Candy-Melts mit 10 g Kokosfett über dem heißen Wasserbad schmelzen lassen. Cake-Pop-Stiele 1 cm tief eintauchen, in die Cake-Pops stecken (Bild 1) und diese 15 Min. kühlen.

3 Für die Erden den Rollfondant zwischen Frischhaltefolie dünn ausrollen und pro Erde einige Kontinente ausschneiden (Bild 2). Nacheinander 10 Cake-Pops mit den Candy-Melts (bei Bedarf nochmals erwärmen) überziehen, die Kontinente auf dem noch feuchten Guss anordnen und festdrücken. Trocknen lassen.

4 Für Sonne, Saturn und die anderen Planeten Kuvertüre hacken und mit 10 g Kokosfett schmelzen. Einige Tropfen gelbe Lebensmittelfarbe einrühren (Bild 3) und einige Cake-Pops als Sonne überziehen. Dann einige Tropfen rote Lebensmittelfarbe in die gelbe Kuvertüre rühren und die restlichen Cake-Pops damit überziehen. Für den Saturn etwas von der gefärbten Kuvertüre in einen kleinen Gefrierbeutel füllen, ein kleines Loch einstechen und rundum einen Streifen aufspritzen. Trocknen lassen.

1

2

3

EDEL UND FEIN

Sie suchen das Besondere? Bitte sehr! Im schicken Outfit und mit Kaffee, edler Schokolade oder einem Schuss Alkohol verfeinert, präsentieren sich Cake-Pops hier von ihrer eleganten Seite.

SCHWARZWÄLDER-KIRSCH-POPS

Herbe Schokolade, knackige Kirschen und kühle Sahne – dieses Trio ist als Schwarzwälder Kirschtorte in aller Munde. Aber auch in klein überzeugt die Kombi.

3 Eier (Größe M)
90 g Zucker
1 Prise Salz
2 TL Kakaopulver
90 g Mehl
4 cl Kirschwasser
3 EL Kirschkonfitüre

Für die Deko:

150 g Zartbitterkuvertüre
20 g Kokosfett
6 Kirschen (ersatzweise kandierte Kirschen)
150 g Sahne
1 TL Sahnefestiger

Außerdem:

24 Cake-Pop-Stiele oder Holzstäbchen
Spritzbeutel mit feiner Sterntülle

Für Gäste

Für 24 Stück | 1 Std. Zubereitung | 20 Min. Backen | 45 Min. Kühlen
Pro Stück ca. 110 kcal, 2 g EW, 6 g F, 12 g KH

1 Den Backofen auf 180° vorheizen, ein Backblech mit Backpapier belegen. Eier, Zucker und Salz mit dem Handrührgerät weißschaumig rühren. Kakaopulver mit Mehl mischen, darübersieben und locker unterheben. Den Teig auf das Blech streichen und im Ofen (Mitte) 20 Min. backen. Herausnehmen, den Kuchen auf die Arbeitsfläche stürzen und 5 Min. abkühlen lassen. Dann das Papier abziehen und den Kuchen fein zerkrümeln.

2 Kirschwasser, Kirschkonfitüre und 2 EL Wasser verrühren und mit den Kuchenbröseln zu einer formbaren Masse vermischen. Daraus 24 Cake-Pops formen und 30 Min. kühlen.

3 Für die Deko von der Zartbitterkuvertüre mit einem scharfen Messer einige Schokospäne abziehen und beiseitelegen. Die restliche Zartbitterkuvertüre grob hacken und mit Kokosfett über dem heißen Wasserbad schmelzen lassen. Stiele 1 cm tief eintauchen, in die Cake-Pops stecken und diese 15 Min. kühlen. Die Cake-Pops danach mit der Kuvertüre überziehen und trocknen lassen.

4 Kirschen waschen, entstielen, entsteinen und vierteln. Sahne mit Sahnefestiger steif schlagen und in den Spritzbeutel füllen. Kleine Sahnerosetten auf die Cake-Pops spritzen und diese mit Kirschen und Schokospänen garnieren. Bis zum Servieren kühlen.

TIPP

Die Schwarzwälder-Kirsch-Pops können Sie bis einschließlich der Glasur schon am Vortag zubereiten. Bevor die Gäste kommen dann die Schlagsahne aufspritzen und die Cake-Pops mit Kirschen und Schokospänen verzieren.

AMARETTI-NUGAT-POPS

200 g Nugatschokolade | 50 g Zartbitterschokolade | 50 g Sahne | 1 EL Mandellikör (z. B. Amaretto) | 125 g Amaretti (italienische Mandelplätzchen) | 2 EL Zucker | 1 TL Kakaopulver | 20 Cake-Pop-Stiele oder Holzstäbchen | 20 Papierförmchen für Pralinen

Schmecken nach Italien

Für 20 Stück | 45 Min. Zubereitung | 3 Std. 5 Min. Kühlen
Pro Stück ca. 110 kcal, 1 g EW, 5 g F, 8 g KH

1 Nugat- und Zartbitterschokolade in kleine Stücke brechen. Die Sahne in einem Topf erhitzen und die Schokolade darin bei schwacher Hitze unter Rühren schmelzen lassen. 1 EL Schokocreme abnehmen und in einer Tasse beiseitestellen. Die übrige Schokocreme 5 Min. abkühlen lassen, dann den Mandellikör unterrühren.

2 Die Amaretti in einen Gefrierbeutel geben, verschließen und mit dem Nudelholz fein zerkrümeln. Die Amarettibrösel mit der Schokocreme gut vermischen und die Masse ca. 3 Std. kühlen. Dabei gelegentlich umrühren.

3 Zucker mit Kakaopulver in einer Schale mischen. Ein Tablett mit Backpapier belegen. Von der Amaretti-Nugat-Masse mit einem Teelöffel 20 Portionen abstechen und mit gekühlten Händen zu Kugeln formen. Die Kugeln im Kakaozucker wälzen und in Pralinenförmchen setzen. Die zurückbehaltene Schokocreme im heißen Wasserbad erwärmen, Cake-Pop-Stiele 1 cm tief eintauchen und in die Cake-Pops stecken.

ESPRESSO-CAKE-POPS

250 g Zartbitterschokolade (70 %) | 100 g Sahne | 2 TL Instant-Espressopulver | 20 g Kokosfett | 1 EL Kaffeelikör | 125 g Butterkekse | 1 EL Espressobohnen | 1 EL Rohrzucker | 150 g weiße Kuvertüre | 20 g Kokosfett | 20 Cake-Pop-Stiele oder Keks-Sticks mit Schokolade

Muntermacher

Für 20 Stück | 50 Min. Zubereitung | 13 Std. Kühlen
Pro Stück ca. 175 kcal, 2 g EW, 12 g F, 14 g KH

1 Die Zartbitterschokolade in Stücke brechen. Die Sahne mit Espressopulver in einem kleinen Topf erhitzen. Schokolade und Kokosfett darin bei schwacher Hitze unter Rühren schmelzen lassen. Zuletzt den Kaffeelikör unterrühren und die Schokocreme über Nacht abgedeckt kühl stellen.

2 Kekse in einen Gefrierbeutel geben, verschließen und mit dem Nudelholz fein zerkrümeln. Die Keksbrösel unter die Schokocreme rühren und diese 15 Min. ins Tiefkühlfach stellen. Danach aus der Masse rasch 20 Cake-Pops formen und diese nochmals 30 Min. kühlen.

3 Für die Deko Espressobohnen mit Rohrzucker in einem Blitzhacker oder Mörser grob zerkleinern. Kuvertüre hacken und mit Kokosfett über dem heißen Wasserbad schmelzen lassen. Cake-Pop-Stiele oder Keks-Sticks 1 cm tief eintauchen, in die Cake-Pops stecken und diese 15 Min. kühlen. Die Cake-Pops mit der restlichen Kuvertüre (bei Bedarf nochmals erwärmen) überziehen und mit den Bohnenstückchen bestreuen.

SCHOKO-MOUSSE-POPS

Genau, das sind die Waffelbecher, aus denen man früher gerne Eierlikör geschlürft hat. Aber ihre wahre Berufung haben sie als Cake-Pops gefunden.

100 g Sahne
1 Pck. Vanillezucker
100 g Vollmilchschokolade
2 TL Orangenlikör (z. B. Cointreau)
3 Eier (Größe M)
90 g Zucker
1 Prise Salz
2 TL Kakaopulver
90 g Mehl
2 EL Nussnugatcreme
100 g Mascarpone
1 EL Johannisbeergelee

Für die Deko:
200 g Zartbitterkuvertüre
20 g Kokosfett

Außerdem:
24 Mini-Schoko-Waffelbecher
24 Keks-Sticks mit Schokolade
Spritzbeutel mit Sterntülle

Mit Schuss

Für 24 Stück | 50 Min. Zubereitung | 20 Min. Backen | 3 Std. 30 Min. Kühlen
Pro Stück ca. 190 kcal, 3 g EW, 11 g F, 19 g KH

1 Sahne und Vanillezucker in einem Topf erhitzen. Schokolade in Stücke brechen und unter Rühren darin schmelzen lassen Orangenlikör einrühren und die Schokocreme mindestens 3 Std. kühl stellen.

2 Den Backofen auf 180° vorheizen, ein Backblech mit Backpapier belegen. Eier mit Zucker und Salz mit dem Handrührgerät in ca. 5 Min. weißschaumig rühren. Kakaopulver mit Mehl mischen, darübersieben und locker unterheben. Den Teig auf das Blech streichen und im Ofen (Mitte) 20 Min. backen. Herausnehmen, den Kuchen auf die Arbeitsfläche stürzen und 5 Min. abkühlen lassen. Dann das Papier abziehen.

3 Den Kuchen fein zerkrümeln. Nussnugatcreme mit Mascarpone und Johannisbeergelee verrühren, die Kuchenbrösel dazugeben und alles gut vermischen. Aus der Masse 24 Cake-Pops formen und 30 Min. kühlen.

4 Für die Deko die Kuvertüre grob hacken und mit dem Kokosfett in einer Schüssel über dem heißen Wasserbad schmelzen lassen. Die Cake-Pops einzeln mit der Kuvertüre überziehen und den Überschuss abtropfen lassen. Anschließend trocknen lassen.

5 Die gekühlte Schokocreme mit dem Handrührgerät cremig aufschlagen. Die Schokomousse in den Spritzbeutel füllen und jeweils einen Klecks in die Waffelbecher spritzen. Die Cake-Pops auf die Becher setzen und die restliche Mousse daraufspritzen. Jeweils 1 Keks-Stick in die Cake-Pops stecken und diese bis zum Servieren kühl stellen.

PETIT-FOURS-POPS

Mit diesen kleinen französischen Klassikern kommen Sie bei Ihren Gästen ganz groß raus! Und weil's die Böden schon fertig gibt, können Sie sich ganz auf die Deko konzentrieren.

1 Packung Wiener Boden (Fertigprodukt, 3 Böden, gesamt ca. 450 g)
400 g Marzipanrohmasse
150 g Puderzucker
4 cl Mandellikör (z. B. Amaretto)
200 g Aprikosenkonfitüre

Für die Deko:

25 g weiße Kuvertüre
1 ganz frisches Eiweiß
250 g Puderzucker
1 TL Zitronensaft
fettlösliche rote Lebensmittelfarbe
kandierte Veilchen oder Zuckerblümchen
Fruchtgummiherzen
Zuckerkügelchen (gold und silber)

Außerdem:

runde Ausstechform (4 cm ∅)
12 Cake-Pop-Stiele oder Holzstäbchen

Festlich

Für 12 Stück | 1 Std. 30 Min. Zubereitung | 4 Std. 15 Min. Kühlen
Pro Stück ca. 525 kcal, 6 g EW, 12 g F, 96 g KH

1 Die drei Tortenböden nebeneinander auf die Arbeitsfläche legen. Marzipanrohmasse mit Puderzucker und Mandellikör verkneten. Aprikosenkonfitüre erwärmen, durch ein Sieb streichen und 2 Böden damit bestreichen. Das Marzipan in zwei Portionen teilen und jede Portion zwischen Frischhaltefolie in Größe der Tortenböden rund ausrollen.

2 Die Marzipandecken auf die bestrichenen Böden legen und diese aufeinandersetzen. Den dritten Boden auflegen und fest andrücken. Die Torte in Frischhaltefolie wickeln, mit einem schweren Gegenstand beschweren und mindestens 4 Std. an einem kühlen Ort (nicht im Kühlschrank) ruhen lassen. Die Torte danach auswickeln und mit dem Ausstecher 12 Törtchen ausstechen.

3 Für die Deko die Kuvertüre über dem heißen Wasserbad schmelzen. Die Cake-Pop-Stiele 1 cm tief in die Glasur tauchen, in die Törtchen stecken und diese 15 Min. kühlen.

4 Das Eiweiß nicht ganz steif schlagen. Puderzucker und Zitronensaft unterrühren und alles zu einer dickflüssigen Glasur verrühren. Die Hälfte der Glasur mit 1–2 Tropfen Lebensmittelfarbe rosa einfärben. Nacheinander 6 Cake-Pops weiß und 6 rosa glasieren und den Überschuss durch Drehen der Stiele abtropfen lassen. Die Petit-Fours-Pops mit Zuckerguss, Veilchen, Zuckerblümchen, Fruchtgummiherzen oder Zuckerkügelchen verzieren und bis zum Servieren kühl stellen.

TIPP

Gerne backe ich den Biskuit auch selbst. Dafür den Backofen auf 180° vorheizen. Den Boden einer Springform (26 cm ∅) mit Backpapier belegen. 6 Eier (Größe M) trennen. Die Eiweiße mit 1 Prise Salz steif schlagen, dann 250 g Zucker unter Rühren einrieseln lassen. Die Eigelbe unterrühren, 200 g Mehl darübersieben und vorsichtig unterheben. Den Teig in die Form füllen und im Ofen (Mitte) ca. 30 Min. backen. Herausnehmen, abkühlen lassen und aus der Form lösen. Den Biskuit über Nacht ruhen lassen, dann waagrecht in drei Böden schneiden.

REGISTER

Damit Sie Rezepte mit bestimmten Zutaten noch schneller finden, stehen in diesem Register auch beliebte Zutaten wie **Candy-Melts** oder **Mandeln** – ebenfalls alphabetisch geordnet und hervorgehoben – über den entsprechenden Rezepten.

© 2014 GRÄFE UND UNZER VERLAG GmbH, München
Alle Rechte vorbehalten. Nachdruck, auch auszugsweise, sowie die Verbreitung durch Film, Funk, Fernsehen und Internet, durch fotomechanische Wiedergabe, Tonträger und Datenverarbeitungssysteme jeglicher Art nur mit schriftlicher Genehmigung des Verlages.

Projektleitung: Verena Erhart
Lektorat: Petra Teetz
Korrektorat: Petra Bachmann
Innen- und Umschlaggestaltung: independent Medien-Design, Horst Moser, München
Herstellung: Petra Roth
Satz: Kösel, Krugzell
Reproduktion: Repro Ludwig, Zell am See
Printed in China
Syndication:
www.jalag-syndication.de

6. Auflage 2014
ISBN 978-3-8338-3768-5
www.facebook.com/gu.verlag

Die Autorin

Christa Schmedes lebt mit Ihrer Familie in München und arbeitet seit vielen Jahren für namhafte Zeitschriften- und Buchverlage sowie als Food-Stylistin. Für dieses Buch hat sie sich von den neuesten Cake-Pop-Trends aus den USA inspirieren lassen.

Das Fotostudio

Das EISING STUDIO zählt zu den international führenden Studios im Bereich der Food-Fotografie. Hier entstehen hochwertige Foto- und Videoproduktionen für Redaktionen, Verlage, Werbeagenturen und Industriekunden. Die kleinen Kuchen am Stiel haben Katrin Oswald (Foto) und Christina Kempe (Foodstyling) stimmungsvoll in Szene gesetzt.

Bildnachweis

Titelfoto: Anke Schütz; Autorenfoto: Fotos mit Geschmack; alle anderen Fotos: EISING STUDIO | FOOD PHOTO & VIDEO

Titelrezepte

Konfetti-Pops (S. 10), Cake-Pop-Herzen (S. 14) und Kokos-Cake-Pops (S. 13)

QUALITÄTS G|U GARANTIE

Liebe Leserin, lieber Leser,

haben wir Ihre Erwartungen erfüllt? Sind Sie mit diesem Buch zufrieden? Haben Sie weitere Fragen zu diesem Thema? Wir freuen uns auf Ihre Rückmeldung, auf Lob, Kritik und Anregungen, damit wir für Sie immer besser werden können.

GRÄFE UND UNZER Verlag
Leserservice
Postfach 86 03 13
81630 München
E-Mail:
leserservice@graefe-und-unzer.de

Telefon: 00800 / 72 37 33 33*
Telefax: 00800 / 50 12 05 44*
Mo–Do: 8.00–18.00 Uhr
Fr: 8.00–16.00 Uhr
(gebührenfrei in D, A, CH)*

Ihr GRÄFE UND UNZER Verlag
Der erste Ratgeberverlag – seit 1722.

Backofenhinweis:
Die Backzeiten können je nach Herd variieren. Die Temperaturangaben in unseren Rezepten beziehen sich auf das Backen im Elektroherd mit Ober- und Unterhitze und können bei Gasherden oder Backen mit Umluft abweichen. Details entnehmen Sie bitte Ihrer Gebrauchsanweisung.

GRÄFE UND UNZER
Ein Unternehmen der
GANSKE VERLAGSGRUPPE

LEICHTER DURCHS LEBEN
DEIN DIGITALER COACH
FÜR MEHR BALANCE
GU BALANCE
www.gu-balance.de
JETZT 10 TAGE
KOSTENLOS TESTEN
www.gu-balance.de
BESSER ESSEN
MIT SPASS BEWEGEN
ENDLICH ENTSPANNT
FÜR:

SÜSSES AM STIEL

Kleiner Aufwand, große Wirkung. Diese Leckereien sind ohne großes Tamtam schnell gemacht und lassen nicht nur kleine Naschkatzen schwach werden.

SCHOKO-NUSS-LOLLIS

Für 8 Stück: 1 EL Pinienkerne grob hacken, mit 1 EL Puderzucker mischen und in einer beschichteten Pfanne ohne Fett goldbraun rösten. Herausnehmen und abkühlen lassen. 200 g Zartbitterkuvertüre grob hacken und mit 10 g Kokosfett in einer Schüssel über dem heißen Wasserbad unter Rühren schmelzen lassen. Die gerösteten Pinienkerne unterrühren. Ein Backblech oder ein Tablett mit Backpapier belegen. Mit einem Löffel nacheinander 8 große Kleckse Schokolade daraufgeben und je 1 Fingerfoodspieß (Holz oder Plastik) hineinstecken. Die Lollis an einem kühlen Ort in ca. 1 Std. fest werden lassen. Danach vorsichtig vom Papier lösen. In einer Dose kühl aufbewahren.

SCHOKO-FRUCHT-LOLLIS

Für 24 Stück: 12 Erdbeeren waschen und entkelchen. 12 Herzkirschen abbrausen, entstielen und entsteinen. Die Früchte auf Küchenpapier legen und trocken tupfen. Aus 30 g Marzipanrohmasse 12 Kügelchen formen und in die Kernhöhlung der Kirschen stecken. 200 g weiße Kuvertüre hacken und mit 20 g Kokosfett über dem heißen Wasserbad schmelzen lassen. Die Hälfte davon mit einigen Tropfen fettlöslicher roter Lebensmittelfarbe verrühren. 24 Cake-Pop-Stiele 1 cm tief in die gefärbte Kuvertüre tauchen und in die Früchte stecken. Die Früchte einzeln in eine der beiden Kuvertüren tauchen und den Überschuss abtropfen lassen. Trocknen lassen.